style
normandie

Dépôt légal : avril 2005
ISBN : 2-84038-571-6
N° d'éditeur : 48491
Première édition : avril 2005

style normandie

PHOTOS DE PHILIPPE SAHAROFF
et CHRISTINE BESSON

TEXTES DE MARIE-CATHERINE CHAUVAUD

Rustica
EDITIONS

sommaire

Avant-propos

La Normandie est divisée en deux. Au nord, la Haute-Normandie, qui comprend les départements de l'Eure et de la Seine-Maritime ; au sud, la Basse-Normandie avec le Calvados, la Manche et l'Orne. Elle s'étend sur une superficie de 30 000 km^2 et bénéficie d'une étonnante variété de paysages. Quelque 550 km de côtes alternent entre falaises escarpées et plages dont la lumière est unique. La Normandie intemporelle nous fait rêver avec ses grands manoirs ou ses charmantes chaumières à colombages, coiffées de toits de chaume ou d'ardoises, ombragées de pommiers en fleur où paissent tranquillement des vaches à la robe tachetée. Mais la Normandie, c'est aussi celle des bains de mer, avec ses maisons excentriques, et celle, traditionnelle, des grandes abbayes, des châteaux et des maisons de pierre. Derrière ces nombreuses facettes, un seul point commun : le climat. Partout humide et donc favorable à l'herbage et aux vergers. La Normandie ne possède aucune unité, ni géologique ni géographique. Sa partie occidentale appartient au Massif armoricain, sa partie orientale, au Bassin parisien. Dans le Cotentin, le Calvados et l'Orne, on note la présence de mines de fer. C'est ce minerai, riche en hématite, qui colore en rouge sombre les habitations. Le Vexin, lui, proche de Paris, est une dépendance directe du tertiaire. Son sol, riche en roches éruptives (granite) et en terrains sédimentaires, jouit de plaines de craie et d'argiles à silex. Comme le bâti est généralement lié au sol, sa grande diversité nous fait comprendre que, dans cette région prospère, il est autant de styles de maisons que de «pays»...
C'est ce qu'a voulu montrer cet ouvrage en nous conviant à visiter ces maisons traditionnelles magnifiquement restaurées ou simplement décorées.

Cette ferme cauchoise rénovée a pour socle un «solin» de maçonnerie, sur lequel s'élève une ossature de bois, teintée de bleu pâle, mettant en valeur le toit d'ardoises.

L'habitat

La maison normande n'est pas singulière mais plurielle. La réalité de l'architecture rurale, citadine ou balnéaire, de la région s'apprivoise à travers une mosaïque d'une quarantaine de terroirs historiques, chacun doté de son originalité, de ses particularités et de son type de maison. Les constructions du passé étaient adaptées à la fois à leur fonction, au paysage et aux ressources locales. Le problème du transport limitait le choix des matériaux, que l'on ne pouvait aller chercher bien loin. Blottis dans leur vallon, les villages normands ont conservé, pour la plupart, leur aspect traditionnel. La silhouette de la maison à pans de bois est devenue l'emblème de la Normandie, comme la fermette du pays d'Auge à colombages, étroite, longue et basse, avec son grand toit de chaume, mais elles ne représentent pas pour autant exclusivement *la* maison normande. La grosse bâtisse calcaire des environs de Caen, celle de schiste de Cherbourg, la maison de pierre du pays de Caux, ou celles en granite ou en silex, sont au moins aussi courantes, sinon plus, que la maison à colombages. Le charme persistant de la campagne normande, allié à l'attrait touristique, explique l'attirance des Parisiens (la Normandie n'est qu'à deux ou trois heures de la capitale) qui y ont installé leurs résidences secondaires et réhabilitent pressoirs, granges, chaumières, gentilhommières, manoirs et châteaux.

Cette fermette typique est construite à pans de bois. De séduisantes lucarnes «à capucine», abritant les chambres, prennent place dans le toit d'ardoises.

Dans une rue pittoresque
À Beuvron-en-Auge s'élève un ensemble de maisons à pans de bois colorés, construites entre le XVe et le XVIe siècle.

Décor graphique
Dans le Vexin normand, la façade est ornée de pièces de bois obliques. La porte en chêne est encadrée de sculptures.

Les colombages

Autrefois, la Normandie disposait de vastes forêts de chênes dont le bois était utilisé pour la construction navale et civile. Le savoir-faire des charpentiers et des menuisiers s'est transmis jusqu'à nos jours, faisant du bois un matériau de prédilection pour l'édification des habitations. Son abondance a permis l'éclosion de techniques très élaborées de constructions à colombages. C'est dans les pays d'Auge et d'Ouche que ce mode de bâti s'est perpétué du XVIIe siècle à nos jours. Au XVIe siècle, le rythme du colombage est vertical. Aux XVIIe et XVIIIe siècles, d'autres motifs enrichissent les façades : croix de Saint-André, croisillons, épis, feuilles de fougère et chevrons.
Ces maisons en colombages sont toutes érigées sur le même modèle, mais le soubassement ou «solin» est en grès ou en brique, technique ingénieuse qui isole le mur de l'humidité du sol, compense les poussées et assure la rigidité de l'ensemble. Le squelette est formé de nombreuses poutrelles en chêne, proches les unes des autres : c'est le «galondage» ou «colombage» (colombes : petites pièces de bois), placées verticalement ou en biais dans des cadres délimités par des poteaux verticaux et des sablières horizontales. Les portes et les fenêtres s'ordonnent en fonction des dispositions de l'ossature. Le matériau de construction est la grasse terre argileuse, malaxée avec de la paille hachée : c'est le pisé ou torchis, dont on fait un mur épais en le plaquant dans les interstices des ossatures du bois. Le squelette peut être appareillé de tuileaux ou de briques. Selon le pays, le colombage sera serré ou lâche, critère de classification régional. Le colombage n'est pas l'apanage des fermes, c'est aussi le fait de riches demeures.

Argile et silex
Dans l'Orne, ce château d'argile et de silex date du XVe siècle. Le pigeonnier est muni d'un bandeau saillant extérieur, empêchant les rongeurs d'accéder à la lucarne d'envol.

La pierre

La maison de pierre règne en maître en Basse-Normandie. Cette pierre se présente en plaquettes, en moellons ou en petits blocs, de calcaire, de granite, de schiste ou de grès. Ce qui frappe dans ce type d'architecture, c'est le mélange de matériaux composites qui confère son originalité au bâtiment. En raison de son coût élevé, la pierre ne peut être utilisée comme matériau exclusif. Elle est donc associée à d'autres matériaux : la brique, le silex ou un mélange des deux. La pierre calcaire est surtout employée pour les chaînages verticaux, les encadrements d'ouvertures, les lucarnes, ainsi que pour les portails à double entrée des manoirs et des grandes fermes. Dans les régions méridionales du bocage et dans le nord de la Manche, le granite est taillé en pierre de taille. Apprécié pour ses teintes variant du bleu au roux et au gris rosé, il est surtout utilisé pour les chaînages d'angle et les encadrements. La maison normande typique, en pierre, présente une forme basse, allongée, de faible hauteur, sans fondation. Les murs pignons sont épais, sans percement, tout au plus une porte secondaire. La façade est sobre, avec une disposition symétrique des fenêtres à meneaux droits. Ce type de maison est le plus souvent recouvert d'un toit de tuiles ou d'ardoises. Dans la Manche se maintient la couverture en schiste ou «pierres bleues», appelées «platins» ou «plaques».

Tout en pierre
Les maisons du petit bourg d'Auderville, dans la Manche, sont en granite ou en schiste, les toits en pierres bleues.

Le manoir de la Févrerie
Situé au Mont-Saint-Michel, ce manoir a été construit en pierre de taille. Des hortensias agrémentent la façade.

De la lumière
De nouvelles ouvertures font bénéficier l'intérieur de ce manoir de la pleine lumière. Des balcons en bois peint en gris lui confèrent un style bord de mer.

Au balcon
La porte et les fenêtres de ce château, entourées de briques, sont repeintes d'un blanc lumineux.

De pierre et de brique
Sur la façade, des briques noires encadrent des briques roses. La fenêtre est cernée de pierres calcaires taillées.

La brique

La brique cuite connut un grand essor à partir du XVIIIe siècle, surtout en pays de Bray ou de Caux, mais, malgré de nombreuses variantes locales, les constructions en brique normandes sont peu originales. La brique cuite, longue et plate, la seule utilisée en Normandie, fut surtout employée dans les constructions de prestige, le plus souvent en association avec la pierre. Considérée comme un matériau plus noble que le bois, elle servira, sous le second Empire, à la rénovation de l'habitat rural. À partir des années 1880, elle interviendra dans des constructions nouvelles, utilisée en mur plein, seule ou en maçonnerie composite. Elle pouvait aussi se prêter à des compositions décoratives pour garnir l'entrecolombage des maisons à pans de bois ou orner l'encadrement des fenêtres. La forme typique d'une maison en brique est rectangulaire et symétrique. Cette symétrie se retrouve dans la façade, avec ses renforts horizontaux, son bandeau simple ou double, ses ouvertures dépouillées et sobres, et son parti pris de linéarité. Au-dessus de la corniche, un comble plat avec son oculus. Son toit à quatre pans, en ardoises, comporte des lucarnes. Avec l'arrivée de la brique industrielle standardisée, l'architecture revêt un caractère uniforme. En Haute-Normandie, les maçons ont fait preuve d'originalité. Dans le pays de Bray, l'art de la décoration en brique a été porté à un haut niveau esthétique et technique, sur le plan tant des contrastes que des couleurs et de la pose. Les premiers exemples de polychromie architecturale se situent à la période de grande reconstruction qui suivit la guerre de Cent Ans. Ce phénomène est limité géographiquement – ailleurs, la brique est restée un matériau d'appoint.

Chambres avec vue
Ces trois fenêtres, joliment décorées, animent la façade de cette maison à colombages. Le toit est en ardoises.

Teinte pastel
La porte de cette chaumière, dont la partie haute est vitrée, est surmontée d'une lampe ancienne.

Tout en ardoises
Cette maison, aux belles ouvertures en bois blanc, est décorée d'essentages en ardoises.

«La Réserve», chambres d'hôtes à Giverny, est édifiée en pleine campagne. De larges percements, encadrés de blanc, animent la façade, chaulée d'un jaune lumineux.

Portes et fenêtres

Au temps jadis, dans les maisons paysannes, les portes extérieures étaient faites dans un bois résistant, comme le chêne, en raison de leur exposition permanente au soleil et aux intempéries. Leur beauté résidait surtout dans l'harmonie de leurs proportions. Au XIXe siècle, les portes vitrées se généralisent, le vantail est plein, à mi-hauteur. Seule la partie haute, parfois doublée de volets, est vitrée. L'occultation des fenêtres se faisait par un panneau plein à un seul battant ouvert par beau temps pour éclairer la pièce, panneau qui fut remplacé par un cadre tendu de papier huilé ou de vessie animale. Plus tard lui succéda un ensemble de bâtis fixe et ouvrant à petits vitrages, complété par un volet intérieur. De nos jours, les différents styles de fenêtres jouent un rôle important dans l'esthétique de la façade.

Charme et couleur
La fenêtre, cernée de blanc, met en valeur la chaux teintée de jaune de la façade.

Les jardins

Partout en Normandie, on s'étonne de voir une telle profusion de jardins, parcelles d'un univers soigné, protégé et adulé. Ces petits paradis renferment de nombreuses espèces de fleurs : massifs d'hortensias, plantations de rosiers, de roses trémières, de jonquilles ou de ravenelles. Pourvus de talus, agrémentés de haies soigneusement taillées et de pentes bien entretenues, les jardins offrent au printemps un tapis de primevères et de violettes bleues ou blanches. Les saules et autres arbustes des milieux humides, plantés sur le pourtour des cours d'eau et des rivières, servent aussi à retenir la terre des berges. Le pommier doucin ou commun est largement cultivé. À la belle saison, il éclaire le pays d'Auge par sa floraison. En automne, ses pommes dures sont employées pour la fabrication du cidre ou distillées en calvados.

Le bassin des Nymphéas, dans le jardin de Claude Monet, à Giverny.

Havre de repos
Cette courette entourée de végétation et dallée de terre cuite accueille une table ronde et deux fauteuils de toile.

Au petit matin
Près de la maison aux joyeux volets bleus, une simple table dressée pour le petit déjeuner.

Douceur de vivre...

«Un long pays onduleux, coupé de vallons. Partout de minces rivières glissent au pied des peupliers, sous des voiles légers de saules, des ruisseaux brillent dans l'herbe et baignent toute la campagne et les jardins d'une fraîcheur féconde», note Guy de Maupassant. Il est vrai qu'au détour d'un chemin on est souvent surpris par la vue d'un jardin où la main de l'homme a créé un petit miracle de poésie, en complète harmonie avec la nature, tout en respectant l'esprit des lieux.

Le plus représentatif est celui qu'a composé un artiste, Claude Monet, à Giverny. Monet transforma le verger et le potager en un Éden foisonnant d'une profusion de fleurs, de légumes et de fruits. «Il y avait un ruisseau, l'Epte, racontera-t-il au terme de sa vie, qui descend de Gisors, en bordure de ma propriété. Je lui ai ouvert un fossé, de façon à remplir un petit étang creusé dans mon jardin. Le bassin rempli, je songeai à le garnir de plantes. J'ai pris un catalogue et j'ai fait un choix, au petit bonheur, voilà tout.» Le résultat, ce fut le bassin aux Nymphéas, deux ou trois fois agrandi et dont un pont japonais surplombé de glycines enjambait l'extrémité ouest. Il y mit une barque et l'atelier flottant dont il se servait pour peindre sur la rivière : il avait fait creuser des rainures dans le plancher pour y planter ses toiles.

Les plantes et les fleurs furent choisies avec art : iris, hostas, fougères et nymphéas. Des peupliers et deux saules qui se trouvaient sur le terrain furent entretenus avec soin. Claude Monet passait des heures assis sur un banc, près de ce miroir d'eau où il contemplait les jeux de lumière. Il y trouva l'inspiration pour son ultime projet, le plus ambitieux, la série des *Nymphéas*, qu'il acheva en 1926.

Notes de couleur
Dans le jardin de Claude Monet, les fleurs doivent leurs teintes exubérantes aux plantations exotiques.

Mémoire du passé
Élégant et patiné par le temps, ce puits exceptionnel, ouvragé de bas-reliefs, semble enraciné dans la verdure.

Au château du Breuil
Le jardin d'hiver abrite les plantes rares et forme une toile de fond romantique au parc planté de buis taillés.

Le sol pavé de pierres s'orne de différents pots de terre cuite, plantés de thym et d'herbes aromatiques qui mettent en valeur le bâtiment rénové.

Les plantes taillées se font sculptures

Au XVIIe siècle, des jardins à la française agrémentèrent de nombreux châteaux et belles demeures de Normandie. Aujourd'hui encore, des jardins de buis taillés foisonnent, témoins de la volonté de leurs créateurs de maîtriser la nature. Ces parterres de géométrie verte plantés dans une suite d'espaces, chacun possédant son caractère propre, présentent bien des affinités avec la sculpture et l'architecture. Leurs tailles si particulières allègent leurs formes et créent des masses. Conçus pour être admirés des axes principaux et des fenêtres, ils confèrent aux parcs une perspective ordonnancée et harmonieuse.

Un coin de campagne

Dans le Calvados, l'ancienne grange en pans de bois est en parfaite harmonie avec le jardin fleuri.

Le silo ancien, érigé en colombages, est sans ouvertures. Le toit conique est en tuiles récupérées. Ce bâtiment traditionnel participe directement au décor du parc boisé.

Cet ancien lavoir posé sur l'eau est décoré comme «à l'époque». Simplicité et douceur sont de mise.

Tuiles et pierres

Ce vieux puits, de style normand, construit en pierre est recouvert d'un charmant auvent en tuiles du pays.

Petite collection

Devant cet adorable cabanon en bois prend place une collection d'objets en zinc, rassemblée sur une desserte chinée.

Ornements

La fonction première de l'ornement est de masquer la matière brute. Jadis, la Normandie occupait la première place dans le domaine de la décoration d'extérieur. Colonnes, frises, corniches, pilastres sculptés ou décorés embellissent les façades des maisons et des églises selon des motifs géométriques : lignes, bandes, cerceaux, croix, méandres ou rinceaux. Beaucoup de ces ornements, composés aussi de figures humaines ou animales, contrastent par leurs formes arrondies et s'harmonisent par leur port élevé. L'abondance d'ornements extérieurs déterminait la valeur marchande de la maison. Le bâti en pans de bois facilita l'établissement des façades à encorbellement, sculptées par des sculpteurs sur bois. Au XVIIIe siècle, le développement de la production industrielle va bouleverser l'ornementation extérieure qui était jusque-là fabriquée par des artisans hors pair.

Le gros dos

Ce chat de trois couleurs, plus vrai que nature, s'étire, en équilibre sur le faîte du toit.

«Ho ! Hisse !»

Semble dire cet escargot grimpant le long d'un petit toit en écailles vernissées.

La poterie du Mesnil de Bavent

Cette ancienne poterie est remarquable par la décoration de sa façade.

Sur le toit, un chat grimpe le long du toit pentu. La lucarne est à pans de bois, le torchis orné de motifs graphiques.

À la poterie du Mesnil de Bavent

En 1842, Maurice Comptet rachète une poterie et fonde la tuilerie normande du Mesnil de Bavent. Mettant à profit la veine d'argile sur laquelle se trouvait ses établissements, il ne tarda pas à en faire une véritable manufacture ou étaient fabriqués récipients domestiques, pots pour les fleurs et tuiles. Puis on lui confia la tâche de restaurer d'anciens épis de faîtage et d'en confectionner de nouveaux. Aidé de son fils Charles, il utilisa la structure industrielle qu'il avait mise sur pied pour réhabiliter un patrimoine artistique tombé en désuétude et lui donner un nouvel essor. En 1903, Aimé Jacquier prend la succession. Aujourd'hui la poterie du Mesnil de Bavent, riche de l'histoire qui a forgé son identité entend perpétuer cet héritage et l'ouvrir vers d'autres innovations.

La colombe

Cette jolie colombe posée sur une boule attend le moment propice pour s'envoler.

Le hibou

Ce magnifique hibou semble guetter sa proie.

Des chatons en céramique chassant un pigeon : toute une mise en scène de poterie.

Les céramiques ornementales

À la fin du XVIIIe siècle on découvre en Basse-Normandie plusieurs gisements de kaolin, matière première à l'origine de la céramique et de la porcelaine. Ces gisements, rapidement exploités, favoriseront la création de quatre manufactures : l'une dans la Manche, les trois autres à Caen, Bayeux et Isigny. Elles fabriquaient des pièces destinées à la décoration extérieure des demeures, aux arts de la table, ainsi que des objets utilitaires variés, comme les plaques de rue. En ce qui concerne les façades, l'ornement en céramique est destiné à un espace bien défini et strictement limité.

Différents épis de faîtage, destinés à être vus de très loin, décorent tous les coins de ces pignons de la poterie du Mesnil de Bavent. Leurs formes s'inspirent de la Renaissance.

Au manoir de Sens
Cet ancien épi de faîtage coiffe d'une façon originale une lucarne d'autrefois.

Tout en hauteur
Cet exceptionnel épi de faîtage, orné de nombreux motifs, est l'œuvre de la poterie du Mesnil de Bavent.

Allégories
Ces épis de faîtage peuvent revêtir la forme de dragons, de hures ou de bêtes mystiques.

Les épis de faîtage

Développés dans le Calvados au XIXe siècle, la plupart des épis de faîtage ou de faîte s'inspirent des céramiques décorant les châteaux de la Renaissance. Ce sont des ornements placés au point le plus haut du pignon, dans son prolongement, ou décorant l'aiguille d'un poinçon de croupe ou de comble en pavillon. Certains coiffent les lucarnes. À l'origine, ces épis étaient le privilège exclusif des manoirs et des gentilhommières. Dressés dans le ciel, ils étaient destinés à canaliser les forces bénéfiques tout en éloignant le Malin : à la fois symbole de fertilité, gage de plénitude sereine et de protection du foyer. Ils ornaient aussi les maisons de Rouen, de Caen et de Cherbourg et les belles demeures rurales. Certains arboraient de sobres décors : deux ou trois rangées de boules, la plus grosse en bas, la plus petite au sommet. Le degré d'abstraction et de stylisation allait de pair avec la complexité de la composition. Témoins des superstitions en milieu rural, ils pouvaient revêtir la forme de gueule de hure ou de dragon, de bêtes mystiques et de têtes humaines. Mais les colombes, les fruits, les fleurs et les rinceaux d'inspiration italienne avaient aussi beaucoup de succès. De nos jours, ils sont fabriqués par la poterie du Mesnil de Bavent. Ils mesurent de 1,20 m à 1,80 m, et sont fabriqués en plomb et en zinc repoussé, mais les plus nombreux sont en terre vernissée, de couleur rougeâtre ou verdâtre. Ils sont fixés sur des tuiles faîtières, dentelées ou à crêtes découpées, vernissées en noir brillant. Hier, les différentes pièces étaient fixées à l'aide de chiffons enduits d'huile ou de poix, ce qui leur conférait une certaine souplesse pour supporter les vents saisonniers. Aujourd'hui, ces longs épis sont fabriqués à partir de plusieurs morceaux assemblés sur une tige cimentée à la base du toit.

Les pilastres en chêne de cette habitation sont décorés de sculptures en bois : têtes humaines, chouettes peintes, qui témoignent du savoir-faire des sculpteurs sur bois de l'époque.

Le musicien
À Étretat, cette sculpture de bois qui orne la façade d'une demeure bourgeoise, à pans de bois, date probablement du XVIIe siècle.

Art naïf
Ce simple bonhomme en bois, sculpté sur le pilastre d'une demeure d'Étretat, date du XVIIe siècle.

La façade de cette demeure à Saint-Valéry-en-Caux est richement décorée de sculptures en bois, en relief. Elle montre l'importance de l'ornementation extérieure en Normandie.

Pilastres et bandeaux sculptés

«Tout morceau de sculpture doit être l'expression d'une grande maxime, une leçon pour le spectateur», souligne Denis Diderot. En Normandie, le spectateur peut à son aise admirer certaines demeures, décorées de sculptures en bois, et prendre plaisir à contempler les richesses de l'ornementation. Les sculpteurs sur bois avaient une sérieuse réputation à entretenir. Il fallait qu'ils sculptent, cisèlent à l'aide d'un ciseau le rude bois de chêne pas toujours facile à travailler. Dans le pays d'Auge, spécialement, on peut voir sur les habitations, datant pour la plupart du XVIIe siècle, des pilastres cannelés à chapiteaux ioniques et des bandeaux à godrons soulignant les lucarnes.

Grotesque

Ce masque en bois de chêne semble sortir tout droit de l'imaginaire d'un sculpteur du Moyen Âge.

Ici, l'entrée est utilisée comme une galerie, où sont exposés des objets chinés. Un escalier de chêne surprend par sa teinte audacieuse, la même que celle des murs et des rideaux.

Entrées et escaliers

Dans les maisons rurales des temps jadis, il n'existait pas d'entrée à proprement parler. Tout le rez-de-chaussée était consacré à l'élevage. De nos jours, il est très rare que l'entrée principale soit de plain-pied.

Dans les maisons normandes, le seuil de pierre ou de brique protège le sol intérieur, souvent situé en contrebas du ruissellement des eaux. Passé ce seuil, un espace d'accueil nous reçoit. Il dévoile aux visiteurs le caractère de l'habitation. Tout simple, de forme carrée ou rectangulaire, il peut déboucher sur un long couloir. Lieu de transition entre l'intérieur et l'extérieur, spacieux dans les demeures bourgeoises et dans les châteaux où on le nommait antichambre, il est plus modeste dans les maisons de campagne. L'escalier est généralement placé dans l'entrée, car c'est là qu'il prend le moins de place. Souvent de dimensions réduites et à forte pente, en pierre ou en bois de chêne, orné de balustres en bois et d'une rampe en fer forgé, il représente un travail d'artisan élaboré. Les marches peuvent être couvertes d'un tapis ou peintes de couleurs lumineuses, mettant ainsi l'escalier en valeur. Les contremarches sont patinées ou carrelées.

Montée en douceur
Cet escalier de chêne, peint de violet, monte à l'étage. Ses balustres de section ronde parachèvent l'ensemble.

Tapisserie chaleureuse
Placés dans l'entrée, ces deux fauteuils confortables, séparés par une console, sont une invitation chaleureuse.

Ce vestibule resté «dans son jus» est décoré de trophées de chasse, de tableaux et de gravures anciennes. La porte à double battant en chêne ciré s'ouvre sur la salle à manger.

Le vestibule

Auparavant, le vestibule avait une fonction d'antichambre. Situé au premier étage, à côté de la chambre du châtelain, il servait à faire attendre le visiteur. Suivant le bon vouloir du maître de maison, cette attente pouvait durer une heure ou une journée… Aujourd'hui, tout est plus simple. Installé au rez-de-chaussée, il donne accès aux pièces de réception : salon, salle à manger, fumoir. Un escalier, parfois, dessert les étages. Le vestibule est généralement richement décoré. Les tissus tendus aux murs, fleuris, unis ou à rayures, réchauffent ce lieu de passage. Les murs peints de couleurs foncées corrigent les proportions, réduisent les volumes ou rectifient la hauteur. Le plafond peint de couleurs claires, au contraire, agrandit ce lieu de passage qui peut être agrémenté de meubles anciens ou contemporains apportant la note de confort indispensable et en faisant une pièce à part entière. Une commode peut servir à ranger gants, écharpes ou bonnets, un tiroir étant attribué à chaque membre de la famille. En hiver, le sol de parquet, de carrelage, de ciment teinté ou de terre cuite est beaucoup plus chaleureux recouvert d'un tapis. En été, il se suffit à lui-même.

Escalier monumental
Cet escalier hélicoïdal en pierre est embelli de barreaudages en fer forgé.Il dessert les étages du château de la Grande Noë. Aux murs, des fresques dans des tons de bleu.

La montée d'escalier

On peut distinguer en Normandie trois types d'escaliers : l'escalier droit, en une seule volée rectiligne, l'escalier à quartier tournant ou balancé et, dans les châteaux, l'escalier de forme hélicoïdale, la plupart du temps construit en pierre de taille du pays. Les escaliers en bois sont en châtaignier, en orme, ou, plus généralement, en chêne de la région. L'escalier peut s'appuyer d'un côté contre une cloison, un mur de refend ou la masse du foyer. Les deux ou trois premières marches sont plus profondes que les suivantes, permettant d'entamer la montée plus facilement. Un de ses côtés peut être cloisonné ou bordé de balustres et d'une rambarde de bois ou de fer forgé, plus rarement de maçonnerie. Suivant l'agencement des volumes bâtis, il peut arriver que l'escalier soit scindé en une ou en plusieurs parties et qu'il se loge dans tous les recoins possibles. Les murs sont décorés de papiers peints, ornés de différents motifs, patinés, ou parés de fresques, principalement dans les châteaux. Bien souvent, la montée d'escalier est décorée de colombages. Les pièces de bois sont laissées à l'état brut, cirées ou peintes. Des tableaux, des tapisseries, des miroirs, quelquefois un œil-de-bœuf, parachèvent l'ensemble. Des lanternes ou des appliques diffusent, le soir venu, la lumière nécessaire.

Haute en couleur
Cette montée d'escalier n'hésite pas à mêler des teintes acidulées à des objets décoratifs anciens.

Le chic du rustique
Cette entrée évoque les demeures anciennes. Un épi de faîtage joue les éléments décoratifs.

Cette volée typique de la Normandie fait partie d'un escalier dit «quartier tournant» ou «quart tournant». Aux murs, des pans de bois, noircis et cirés, interrompus par des sablières d'étage.

Jeux de matériaux
La montée d'escalier à colombages est traditionnelle dans le pays d'Auge. L'escalier ciré la met en valeur.

Harmonie à l'ancienne
Les murs sont badigeonnés de lait de chaux, couramment utilisé à la campagne, tout comme les huisseries bleues.

Des colombages
Le mur de côté est orné de pans de bois à potelets. Celui du fond, en colombages, présente des écharpes de renforcement angulaires.

Dans le vestibule du château, le ton est donné et la couleur orangée des murs fait son effet.
Un clavecin en bois précieux permet d'écrire quelques notes.

Élégante décontraction
Mélange de matières entre le mur de pierres apparentes et l'escalier contemporain sans rambarde.

Les Bruyères
À Cambre-sur-Mer, un vestibule aux teintes harmonieusement assorties et ensoleillées nous accueille.

Dans le château du Breuil, un vestibule majestueux, décoré du blason de la famille. Les murs patinés de jaune réchauffent l'atmosphère. Au fond, un escalier en pierre de forme hélicoïdale.

Ce lieu d'accueil dévoile le caractère poétique de l'habitation. Le sol est disposé en opus romain.

La rambarde

La rambarde et ses barreaudages, généralement verticaux, formant une grille ou un garde-corps, peuvent être en pierre, mais sont le plus souvent en bois ou en fer forgé. On rencontre une très grande variété de rampes et de mains courantes, partie supérieure sur laquelle s'appuie la main. Les rampes se distinguent surtout par leurs montants, qui peuvent être plus ou moins rapprochés, de section carrée, méplate ou ronde, tournés ou découpés. Quand l'intérieur de l'habitation possède d'autres menuiseries d'ornementation, les rambardes peuvent provoquer un effet de contraste esthétique avec ces dernières. Leur mode de réalisation, au tour ou à la scie, les rattache au style Louis XIII, tandis que les autres boiseries ont été réalisées dans un style différent, suivant l'époque. Le montant est fréquemment orné d'une jolie boule en cuivre, en verre, en céramique ou en bois. Quand l'escalier est cloisonné, la rampe est remplacée par un «écuyer», longue baguette de bois de section ronde. Les rambardes en fer forgé aux sobres barreaudages sont les plus fréquentes. La main courante est faite d'un fer plat. D'autres rambardes plus sophistiquées sont un véritable travail de ferronnier. Esthétiquement indispensables, nécessairement sécurisantes, elles apportent la touche finale à la conception d'un escalier.

Au manoir de Sens
Le palier est décoré d'un tissu à rayures. Au mur, un miroir agrandit l'espace. Les balustres sont de section ronde.

Ton sur ton
Rampe et balustres de style rustique cohabitent agréablement avec un parquet Versailles et un fauteuil club.

Dans cet agréable salon, toute la décoration repose sur le thème de la toile de Jouy. Accord parfait entre un canapé de style, des fauteuils confortables et une lumière tamisée par des cotonnad

Le salon

Jadis, dans les intérieurs ruraux normands, la «salle», située au rez-de-chaussée, était le lieu de séjour de la famille. La focalisation du lieu de détente se faisait autour de la table et du foyer. Point stratégique et privilégié, la cheminée, où l'on se réunissait pendant les veillées. De nos jours, on a souvent abattu les cloisons afin de transformer deux ou trois petites pièces en un vaste salon permettant d'accueillir de nombreux convives, en prenant garde de conserver la cheminée. C'est l'endroit, convivial et confortable par excellence, où l'on passe de longs moments de loisir et de détente, en famille ou entre amis. Certains salons, divisés en deux ou trois zones distinctes délimitées par des meubles habilement agencés, ont clairement identifié les espaces. Le canapé occupe le centre, devant une table basse. Un ou deux fauteuils, assortis ou non, lui font face. Quelques guéridons, de jolis meubles chinés, une commode et une bibliothèque constituent le mobilier essentiel. Les renfoncements et les alcôves, autrefois couchages, sont équipés de placards vitrés ou non, destinés à exposer des objets de collection, à ranger le matériel hi-fi ou à dissimuler le téléviseur. Les fenêtres ouvrant sur la campagne vallonnée ou sur un magnifique panorama du bocage sont l'un des points forts du salon.

Tout en couleur
Tout le charme de l'enfance dans ce petit salon aux tendres couleurs et aux jouets anciens.

Texture et couleur

La sélection des couleurs, des textures et des motifs est l'élément déterminant d'un décor de salon réussi. La couleur est un atout essentiel pour modifier la perception des volumes. Son choix est certes un domaine très personnel, mais il faut savoir que la même teinte peut varier en fonction du cadre ou du décor. La qualité de la lumière est également importante, tout comme le style et l'époque du mobilier et de la pièce. La simplicité du blanc permet des harmonies délicates et romantiques. Les ensembles monochromes, de couleurs neutres comme le blanc cassé, le sable ou le beige, peuvent être ravivés par des touches de couleurs sur les chambranles, les huisseries et les plinthes. Une subtile harmonie de matières, de teintes et de lumière s'obtient grâce à l'utilisation de matériaux colorés de diverses nuances : une touche d'ocre, mélangée à du blanc, donne une certaine chaleur aux murs. Les arrangements simples reposent plus sur le jeu des couleurs que sur la beauté des éléments décoratifs. Les tons naturels, doux et assourdis, se marient très bien avec les surfaces et les matières naturelles : le bois ciré, le chêne cérusé, le pin raboté, le lin, le coton... Les tissus d'ameublement apportent beaucoup de confort à un salon : tapisseries des sièges, housses de coussins, rideaux et accessoires contribuent à créer un cadre douillet. Les meubles recouverts de tissu doivent être confortables. Si les fauteuils sont hétéroclites, l'étoffe est un bon moyen de les uniformiser. Coordonner les rideaux aux canapés, choisir des coussins et des abat-jour assortis, est du meilleur effet. Tous les textiles permettent d'introduire des notes de couleurs en contraste ou en harmonie. Il faut cependant veiller à conserver un certain équilibre entre les surfaces unies et celles à motifs. L'habillage de la fenêtre doit correspondre au style architectural du salon et au thème de la décoration.

Majestueuse horloge
L'horloge était composée de trois parties : la gaine, la tête et le cadran, suivant les pays. Dans le pays de Caux, la tête était garnie d'une corbeille de fleurs. Dans la plaine de Caen, rétrécie vers le milieu, elle se nommait «demoiselle». Les cadrans, d'étain, de cuivre ou d'émail, étaient surmontés d'un motif découpé ou repoussé, figurant un coq ou un soleil.

Cie WAGONS LITS
The GOLDEN ARROW
ALL PULLMAN TRAIN
LONDON CALAIS PARIS
LE JOURNAL
BYRRH

Lieu de détente
Le salon est un lieu qui doit être agréable à vivre. Un endroit où l'on reçoit, se détend, écoute de la musique, confortablement installé dans un canapé profond ou dans des fauteuils accueillants.

Au coin du feu…

Autrefois, les cheminées adoptaient les matériaux locaux : brique, pierre, granite, bois. Toutes les maisons en possédaient de belles. Centre de la vie de famille, symbole de la vie domestique, souvent seul élément de décor et de confort, elle était l'objet de soins particuliers et de recherches décoratives. Dès le XVIIe siècle, elle a cessé d'être monumentale et s'est caractérisée par un foyer de très faible profondeur. La plus répandue était formée de deux piédroits, de pierre ou de brique, portant un linteau de chêne souvent limité à une simple tablette de bois, et d'une hotte droite. L'âtre ou contrecœur, constitué par le mur auquel elle était adossée, était en maçonnerie de brique ou de tuileau. Le foyer, aussi vaste que la cheminée, était en brique. Une place y était ménagée pour la chaise de l'ancêtre, et l'on y préparait les repas. La plupart des cheminées conservaient leurs matériaux apparents, révélant la mouluration ou la sculpture de leur manteau de bois comme les motifs de leur appareillage de brique. En Haute-Normandie, habillée de bois, la cheminée s'intégrait à un ensemble de menuiserie comprenant la porte de la chambre et un escalier intérieur menant aux combles. La place disponible sur le mur était occupée par un placard de rangement. En Basse-Normandie, le manteau de bois a été remplacé par un manteau de pierre. Le XVIIIe siècle a vu apparaître la cheminée sculptée, empruntée aux constructions citadines et aux demeures les plus aisées.

Les faureuils anciens attendent au chaud, le soir venu, près de la cheminée, les contes merveilleux d'Octave Mirbeau.

Tout de blanc vêtu
Quelques fauteuils blancs sont disséminés autour d'une simple table basse, décorée de bougeoirs.

L'élégance même
Des lignes épurées ainsi qu'une palette de couleur limitée permettent de créer un décor moderne, sans risque d'erreur.

Confort du lin
En 1722, il n'y avait guère de village, particulièrement en pays de Caux, ou l'on ne tissât le coton et le lin. Ce salon contemporain, très clair, en est une parfaite illustration.

C'est un salon reposant, où il fait bon se détendre près de l'âtre. Les grandes fenêtres, encadrées de charmants rideaux à fleurs, laissent entrer la lumière à flot.

Charme intemporel

La réussite d'un salon au caractère charmant repose sur un usage habile de mobiliers simples, poétiques et intemporels. Certains meubles chinés retrouvent une nouvelle jeunesse pour peu qu'on les peigne. Aux murs, des couleurs pastel, du blanc. Le plafond peint, principalement les poutres, confère à la pièce un maximum de luminosité et d'espace. Les accessoires sont peu nombreux : un tableau champêtre, une ou deux appliques, un grand miroir en bois doré. Les rideaux à fleurs, unis ou à rayures, harmonisent l'ensemble. Quelques objets anciens, de famille ou chinés, apportent sans conteste une note chaleureuse.

Le luxe est de mise dans ce salon dont les murs sont recouverts de boiseries anciennes. Suspendu aux poutres, un lustre à pampilles de cristal coloré parachève l'ensemble.

Unité dans la composition

Ce comble luxueusement aménagé en salon est peint d'un jaune soutenu qui fait entrer le soleil dans la pièce.

Coin lecture

Créée sur mesure, cette bibliothèque placée sous une grosse poutre donne du caractère à l'espace.

Dans ce salon, les fauteuils de différentes époques s'adaptent parfaitement au style campagnard de la maison. Le mur de brique expose des cadres de manière asymétrique.

Lumière des tissus
«Aux Mille feuilles à la campagne», les tissus lumineux captent la lumière et la diffusent. Sur la cheminée, un miroir la réfléchit. De beaux objets blancs contribuent à la faire vibrer.

Mise en lumière

Pendant plusieurs siècles, dans les campagnes et les villages, les maisons n'offraient que peu d'ouvertures : parfois une seule porte, avec une ou deux petites fenêtres sur la façade la mieux exposée. Jusqu'au XIVe siècle, on a utilisé des volets pleins ou des treillages de bois, tendus de toiles cirées ou passées à la térébenthine pour les rendre translucides. Les plus fortunés utilisaient des plaques de mica. Au XVIe siècle, la vitre transparente se développe, surtout dans les pays au climat rude. Ainsi, avec les progrès de l'industrie du verre et de la menuiserie, se répandent les fenêtres à vantaux. Pour la première fois, on peut ouvrir largement ses fenêtres. Les carreaux vitrés s'agrandissent. La recherche du mieux-être, sous le règne de Louis XV et de Louis XVI, est encouragée par un goût nouveau pour l'ouverture vers l'extérieur et vers la lumière. En Normandie, si les façades sont en pierre, les fenêtres sont disposées de façon symétrique, alors que, dans les maisons à pans de bois, elles sont placées en fonction des poteaux de colombages. Il a fallu longtemps aux vitriers et aux menuisiers pour assimiler la perception du dehors et du dedans et fabriquer des fenêtres et des baies qui puissent s'ouvrir sans effort et laissent pénétrer dans la maison des flots de lumière.

Comble aménagé
Ce petit salon peint de blanc est meublé de fauteuils contemporains. Des stores bateaux protègent l'intimité.

WALLONIE

Les particularités architecturales de ce salon sont mises en valeur par un astucieux jeu d'éclairage, disséminé un peu partout.

Meubles traditionnels

Les médaillons ovales sculptés sur les vantaux de cette armoire du XIXe siècle servent de support à la décoration.

Grand style

Le terme «salon» apparaît dans les années 1720-1730. Dans les intérieurs les plus luxueux, les fauteuils se font de plus en plus confortables et élégants. La mode des lits de repos préfigure celle des canapés, qui apparaîtront au XVIIIe siècle. On déplace les tables, qui se font plus basses, pour les approcher du canapé, afin d'offrir un confortable point d'appui. Des guéridons, quelques fauteuils, un piano, une bibliothèque constituent le mobilier essentiel de cet endroit consacré aux visites, à la conversation, à certains amusements en société. Dans les maisons de maître, de magnifiques boiseries ornent murs et cheminées. Les poutres apparentes, en chêne, dont émane un charme discret, confèrent un sentiment douillet et serein. Les cheminées monumentales sont pour la plupart en pierres de taille, sculptées, souvent surmontées d'une belle tapisserie. Le sol d'origine, en pierre ou en parquet, est recouvert de riches tapis aux couleurs chaudes, très confortables au contact des pieds. Les fenêtres sont occultées par de lourds rideaux aux amples drapés descendant jusqu'au sol. Les couleurs dominantes sont reprises dans les motifs décoratifs. Un voilage blanc protège l'intimité. De nombreux fauteuils de style, accueillants, rassemblés autour de la cheminée, sont recouverts de différents tissus. Le jeté de table, le tissu des fauteuils et celui du sofa se marient parfaitement. Les divers accessoires sont judicieusement sélectionnés afin de souligner le style. Les lampes et appliques, disséminées un peu partout, éclairent les objets et les tableaux de famille, les mettent en valeur et diffusent une douce et chaude clarté, propice aux conversations.

Fauteuils rougeoyants
Chaleur et convivialité, auxquelles contribue le velours des fauteuils, règnent dans ce salon aux illustres boiseries.

Intérieur flamboyant
C'est une ambiance raffinée qui règne dans ce salon rouge, adouci par la blondeur de la cheminée.

Chaleureuse modernité
Décor de velours garance pour ce fauteuil blanc au style contemporain et aux lignes sobres et élégantes.

Le salon aux tons parme, rose foncé et bleu tirant sur le violet s'accorde parfaitement avec un pêle-mêle d'objets contemporains et de pièces chinées.

Le rouge est de mise

Le rouge réservé aux pièces de réception, qui fait aujourd'hui un grand retour, se décline à travers de nombreuses variétés : écarlate, cramoisi, vermillon, garance, carmin… Ces couleurs se marient avec toutes les nuances de tons chauds et s'associent facilement à des intérieurs rustiques. La plupart des bleus, mélangés à du rouge, créent une harmonie séduisante. Le rouge à tonalité froide, framboise et cerise, est riche et plein de vie. Le rouge profond, grenat et cerise, convient parfaitement comme peinture murale dans les pièces de réception, où la lumière artificielle met sa chaleur en valeur. Le rouge reste ardent dans tous les cas.

À carreaux
Le canapé recouvert d'un tissu à carreaux, aux couleurs volontairement joyeuses, anime le salon ancien.

Campagnc
Un bouquet coloré est installé dans un v
en verre transparent, de forme cylindriq
Malgré la différence de style, il s'accorde bien a
le service à thé, ancien, particulièrement raffi

Fleurs à profusion

De tout temps, les fleurs ont inspiré l'art, les motifs des tissus, les céramiques, la décoration d'intérieur. Les fleurs du passé étaient cueillies dans les champs et dans les jardins. La maîtresse de maison les appréciait pour le seul plaisir des yeux et prenait le temps de réaliser des compositions dans des jarres ou des paniers qu'elle plaçait sur une table, sur un meuble ou sur le rebord d'une fenêtre. Les fleurs cultivées dans les jardins n'étaient que de modestes variétés d'espèces sauvages, symbole de simplicité et de naturel. Au XIXe siècle, les jardins comportaient des plates-bandes de fleurs bien agencées, rangée après rangée, tandis que les serres regorgeaient de plantes exotiques. La rose était alors la fleur favorite, et de nouvelles variétés étaient cultivées dans les pépinières. Dans les années 1930, on commença à mélanger librement fleurs de jardin et fleurs sauvages. Les années 1950 virent une soudaine explosion de couleurs. On se mit à chercher inspiration et idées nouvelles. Les iris, les œillets et les glaïeuls jouissaient d'une grande faveur. De nos jours, au printemps, la nature normande abonde en verts éclatants, en jaunes, tendres ou or. Le blanc est omniprésent dans les vergers et dans les jardins. L'humble bouton-d'or est une petite fleur merveilleuse.

Bucolique
Ce bouquet de roses jaunes dans un vase de cristal taillé trône au milieu d'un guéridon ancien.

Champêtre
Le bouquet de lilas blanc, fraîchement cueilli au jardin, trouve sa place dans un intérieur rustique.

Jne multitude de bougies

ʔosé sur une nappe blanche et entouré d'objets chinés, cet ancien grainetier accueille aujourd'hui différentes bougies. Il est accessoirisé de petits photophores suspendus.

Sur cette armoire

Les guirlandes fleuries sculptées sur cette armoire sont typiques de Normandie.

Meuble d'antan

Ce buffet de facture simple, muni de panneaux sculptés dans la masse, est équipé de deux tiroirs.

Les meubles régionaux

Le XVIIIe siècle marque l'apogée du mobilier normand. Région prospère reliée à Paris par la voie fluviale, la Normandie a produit un mobilier de qualité. Les menuisiers et les ébénistes ont travaillé le chêne, sculptant les panneaux des armoires de motifs choisis dans différents registres : corbeilles fleuries, fruits, nids d'oiseaux. D'importantes disparités subsistent selon les régions. Le meuble haut-normand s'affine très tôt, et l'ornement adopte la ligne courbe et la volute, alors que le décor reste naïf. C'est au pays de Caux que le meuble atteint le faîte de sa splendeur, d'une élégance et d'une ébénisterie plus soignées. Dans l'Eure et à Rouen, l'ornementation est plus sage. La Basse-Normandie a produit un mobilier plus rustique où domine la ligne droite. L'ornementation est moins chargée, sauf dans la région de Caen où elle reste opulente. Les meubles de Haute-Normandie sont de grande taille. Si le bâti reste architectural avec des lignes droites et des montants verticaux, courbes et contre-courbes sont abondantes sur les corniches, les vantaux et les traverses. Les motifs décoratifs haut-normands sont extrêmement variés. Inspirés directement des grands styles du XVIIIe siècle, les motifs classiques sont les coquilles et les rocailles Louis XV, les guirlandes, les perles et les vases fleuris Louis XVI, sans compter la feuille d'acanthe, largement représentée.

Sculpture sur bois
Remarquable travail sur une porte d'armoire représentant des motifs symboliques inspirés par la vie rurale.

Objets du passé
Un mélange hétéroclite d'objets anciens prend place sur une console en bois brut. Trésors chinés dans les brocantes de l'Eure et chez les antiquaires de Rouen, rassemblés avec passion et discernement.

Armoire normande
Cette armoire en chêne aux motifs chantournés est ciselée de garnitures métalliques dorées.

Dans l'esprit collectionneur, une accumulation d'objets de charme anime cette console. Au-dessus, un cadre doré du plus bel effet.

«Aux Florimanes», les jours semblent couler avec douceur. La salle à manger est mise en valeur grâce aux colombages et aux poutres apparentes, typiques de la Seine-Maritime.

Le sol carrelé donne une impression d'espace en évitant toute rupture visuelle.

La salle à manger

La salle à manger est apparue tardivement. Pendant longtemps, la table était dressée au dernier moment, dans une pièce sans affectation particulière. C'est en 1750 qu'apparaît une salle exclusivement réservée aux repas. La décoration y est sérieuse et sévère : une table, des chaises, un seul fauteuil pour le père de famille. Au XVIIIe siècle, on crée un mobilier de salle à manger, en particulier la desserte, petite table sur laquelle on pose les plats et la vaisselle. Les repas vont prendre une grande importance, et la salle à manger va devenir l'objet de toutes les attentions. L'éclairage est soigneusement étudié. Une ambiance chaleureuse est créée. De nos jours, la salle à manger est aussi devenue une pièce à vivre. Ce peut être un lieu tranquille où les enfants font leurs devoirs, un endroit où l'on se retrouve, où l'on discute. De nombreuses activités s'y succèdent. Il faut donc lui apporter une décoration agréable, un décor propice au calme et à la détente. Le choix des couleurs est primordial. Une harmonie se crée, répondant au climat recherché. Élégante et accueillante, elle constitue le cadre idéal des repas savoureux, détendus et tranquilles. Des chaises confortables et un éclairage doux incitent les invités à s'attarder et à bavarder pendant de longues heures.

Décor de table
Dans un intérieur typiquement normand, une table bien mise pour un déjeuner convivial. Une nappe damassée, au ton pastel, recouvre une nappe fleurie aux couleurs du printemps.

À table !

Au Moyen Âge, dans les châteaux, les repas étaient pris dans la chambre et les festins dans une grande salle. On installait des planches sur des tréteaux, que l'on recouvrait d'une nappe. Au XVIe siècle, ces tables s'élargirent, car, en dehors des occasions solennelles, les hôtes et leurs invités ne s'asseyaient que d'un seul côté, le dos au mur. L'hôte et l'hôtesse sont dorénavant placés à chaque extrémité. Quand elle trouvera un emplacement privilégié, la table deviendra un meuble dont les pieds et le plateau formeront un élément unique. La table la plus répandue était rectangulaire, mais il en existait aussi de rondes. Ce n'est qu'au XVIIe siècle qu'apparaît la table «construite», inspirée de celle des réfectoires. Aussi quelques tables comportaient des rallonges, que l'on pouvait tirer par les deux bouts. Elles annonçaient la table à manger mise au point par les menuisiers après 1750. Dresser la table devient l'objet d'un protocole savant. Les objets se multiplient. Au XIXe siècle, ces modifications feront du repas un véritable rituel. Les tables de ferme sont très grandes. Le lourd et épais plateau, souvent en cœur d'orme, dont la longueur peut atteindre 4 m, est supporté par quatre ou six pieds droits, rudement équarris. Sous le plateau de certaines, une tirette coulisse, dégageant un plan de desserte. D'autres s'accompagnent d'une ceinture, où se loge un tiroir qui peut mesurer toute la longueur du meuble et où l'on range les grosses miches de pain. Ces tables devinrent si lourdes qu'elles prirent une place immuable dans la salle commune, près de la cheminée ou de la fenêtre. Il existe un type de table, plus petite et moins robuste, dont le piétement en H fait l'objet d'un tournage rudimentaire.

Beau linge
Du linge blanc, damassé et brodé, décoré de pétales rouges, contribue à l'élégance d'un dîner de fête.

Simplicité
Un grand drap de lin joue les nappes d'apparat. Il apporte un maximum de lumière dans cette salle à manger.

Plaisirs de la table
Au château de la Grande Noë, le brunch est servi.
Le soin porté aux détails est ici poussé à l'extrême.
Un lieu chaleureux, grâce aux boiseries qui donnent envie de s'y attarder.

Goût d'autrefois
À la Poterie du Mesnil de Bavent règne une ambiance exceptionnelle. On y est accueilli par un bouledogue en faïence.

Trompe-l'œil
Ces étonnantes boîtes de fromages normands, en faïence, sont l'œuvre des Poteries du Mesnil de Bavent.

Bien mise et bonne manière

Au XVe siècle, les verres, les carafes d'eau et de vin n'étaient pas posés sur la table. Il fallait demander à un serviteur de vous apporter un verre où le vin était dosé à votre volonté. Ce n'est qu'au XVIIIe siècle que le nombre de verres égala celui des convives, et ce n'est que bien plus tard que l'on plaça sur la table les carafes à eau et à vin. Si les verres demeurèrent longtemps rares, les cuillères étaient aussi peu nombreuses et les fourchettes brillaient par leur absence totale. Les assiettes creuses furent introduites en France par Mazarin. Au XIXe siècle, après le repas, les femmes quittaient la table sur un signe de tête de l'hôtesse, adressé à l'invitée la plus prestigieuse, et allaient prendre le café au salon. Les hommes alors sirotaient leur calvados, en fumant le cigare avant d'aller les rejoindre. De nos jours, le choix de la nappe, du service de table et des accessoires a autant d'importance que le reste de la décoration. Une table bien dressée souligne le style du cadre en le complétant. La nappe blanche damassée, brodée et amidonnée, est toujours du plus bel effet. Les faïences anciennes, de famille ou chinées chez les antiquaires, ont beaucoup de style. Le nombre de verres utilisés lors d'un dîner dépend des vins que l'on sert : verre à eau, verres à vin rouge et à vin blanc.

Transparence

Sur une assiette de présentation rouge prend place une ravissante assiette en verre transparente.

Entre amis

Les meubles fonctionnels, les tableaux et les éléments de décoration, ponctuant l'espace, ont été chinés.

Ici, le goût champêtre s'impose. Les assiettes ornées de motifs fleuris confèrent à la salle à manger, jouxtant la cuisine, un aspect à la fois rustique et sophistiqué.

À la campagne

La sensibilité à la lumière et à la couleur s'exprime dans les pièces de réception de la maison de Monet, à Giverny. Elles sont décorées sobrement, mais colorées, afin de créer un lieu de vie idéal pour la famille et un cadre harmonieux pour les amis. Pour le décor, Monet s'opposa à tout emprunt au passé : il désirait une décoration simple et personnelle pour laquelle il fit appel aux artisans locaux. Afin de respecter le caractère rural de la demeure, il choisit des carreaux bleus de Rouen et du mobilier du pays de Caux. Les meubles et les cadres sont décorés dans les mêmes tons clairs que les murs. Les rideaux des fenêtres sont taillés dans des tissus pastel.

Bon appétit
Le couvert est fin prêt pour accueillir les invités. Tous les objets harmonieux appartiennent au passé.

Délicatesse de la verrerie

Sur un petit buffet rustique, s'expose toute la verrerie chinée dans les brocantes de la région.

Séduction romantique

Coordination parfaite entre un bouquet de roses souligné de rouge, les verres à vin et les assiettes de présentation.

Ici, le blanc se décline en une variété de nuances, ponctuées de touches de couleur. Il crée ainsi une atmosphère paisible et indémodable, tout en sculptant l'espace.

Douceur et transparence

Il est toujours plus agréable de boire dans un verre adapté à la boisson qu'il contient : verre à eau, verres à vin blanc et à vin rouge. Certaines formes de verres sont associées à certaines boissons. La bière et le cidre sont servis dans de grands verres droits ou à pied. Les verres étroits et hauts, avec le pied court et large, munis d'une anse, sont réservés au vin chaud, le soir de Noël. La vaisselle blanche se prête à toutes les occasions, car elle s'harmonise avec tous les linges de table. Des saladiers et des plats à dessert, ornés de grands motifs floraux, tous différents, sont du meilleur effet, disposés sur un doux piqué de coton.

Effet de matière
Bois ancien peint, jeté de table blanc en coton, vaisselle en verre embellissent ce jour d'exception.

Normandie d'autrefois

Au XIXe siècle, on fait du beurre partout. Une grande partie du pays d'Auge confectionne du pont-l'évêque. Le camembert se prépare dans toutes les fermes du Calvados. La pâtisserie est naturellement «tout au beurre», et la sauce à la crème accompagne la plupart des plats. Une expression du pays exprime le plaisir gustatif anticipé : «La langue vous en ferrionne !» Toutes les villes et tous les chefs-lieux de canton avaient leur marché hebdomadaire où les villageoises et les paysannes venaient vendre des légumes, des œufs, du beurre et des volailles. À la foire aux bestiaux, paysans et maquignons discutaient de la qualité et du prix des animaux. Ils concluaient leur marchandage par un tope-là spectaculaire.

La sobriété domine dans cette salle à manger à l'ambiance boisée et à la cheminée monumentale.

Ivoire de Dieppe
Au XVIe siècle, les marins rapportèrent une grande quantité d'ivoire que travaillèrent les artisans locaux.

Composition fleurie
«Et Rose elle a vécu ce que vivent les roses, l'espace d'un matin», François de Malherbe.

Les murs en pierre de cette salle à manger s'harmonisent parfaitement avec les objets et les meubles modernes.

Vaisselles

Dans la région de Caen les objets étaient personnalisés à l'occasion des mariages et des anniversaires. Ils étaient chargés de symboles, particulièrement les verres, où étaient gravées des inscriptions : «Le bon vin dissipe mon chagrin» ou encore «Vive ma Blonde». Les terrines à pâté étaient en forme de gibier : sanglier, lièvre, canard, rehaussées d'éléments rapportés, modelés ou moulés. Quelquefois, une inscription telle que : «Je ne suis ici qu'en figure mais je suis dedans en nature», en ornait le pourtour.

Heureux mariage

Plaisir des jolies choses, travail bien fait : vaisselles et verres sont en parfaite harmonie sur une nappe de fête.

Cette superbe cuisine semble avoir vu passer plusieurs générations. Placé dans l'alcôve, un ancien meuble de boulanger. Le fourneau ancien dans la cheminée est encore utile pour faire mijoter des plats. La porte d'entrée s'ouvre sur le potager.

La cuisine

En Normandie, la cuisine est souvent colorée, dans des teintes pastel. L'utilisation de la couleur est liée à la symbolique alimentaire. De nombreux aliments s'inscrivent en effet dans la gamme des jaunes, des verts, des blancs et des rouges. L'univers de la table est un domaine privilégié pour les jeux de couleur et influence l'esprit de la décoration, surtout quand les repas s'y prennent quotidiennement. Au Moyen Âge, seuls les châteaux et les monastères possédaient une cuisine. Jusqu'à la fin du XIXe siècle, l'habitat rural était centré sur cette pièce, véritable salle commune où l'on pénétrait de plain-pied. C'est ici que l'on prenait les repas, à la longue table, et que se pratiquaient nombre d'activités. La plupart des cuisines étaient liées au feu qui brûlait dans la vaste cheminée dotée d'un âtre surélevé. Il faudra attendre le XXe siècle pour que les habitations soient pourvues d'une cuisine moderne. C'est d'ailleurs la pièce préférée des dîneurs, car c'est la mieux chauffée. Souvent pièce à vivre, la cuisine est un héritage du passé et le reflet de l'évolution des styles de vie. On s'y retrouve en famille, on y reçoit ses amis, parfois on y déjeune. La préparation des repas devient un moment de partage. C'est une pièce utile et primordiale, souvent située au cœur de la maison, où il fait bon se retrouver.

Esprit cuisine de ferme pour cette pièce s'ouvrant sur le jardin : des tomettes anciennes recouvrent le sol. Sur la grande table se confectionne une tarte aux pommes.

Conviviale et traditionnelle

Parfaitement adaptée à un mode de vie décontracté et convivial, la cuisine de campagne est idéale. Le style traditionnel, image de la cuisine paysanne à l'ancienne, a de nombreux adeptes. Un brin de nostalgie se perçoit dans la cohabitation de meubles et d'accessoires d'autrefois avec des équipements ultramodernes. On ne disposait dans le temps que de meubles indépendants : buffet, vaisselier, confiturier... De nos jours, ces meubles ne sont plus guère que décoratifs, mais leur présence rassure. Les matériaux employés sont fidèles à la tradition. Le fer forgé figure encore en bonne place : il décore les huisseries ou le foyer de la cheminée.

Nature morte
Un ancien meuble de métier, reconverti en meuble de cuisine.

Au calme
Il se dégage de cette cuisine aux fenêtres arrondies un calme monacal. Le banc et la table ont été chinés.

Pas de place perdue
Une table de cuisine, située au rez-de-chaussée, se niche sous l'escalier. L'enfilade annonce la salle à manger.

Au garde-à-vous
Les superbes casseroles en cuivre ne se rangent pas : elles s'exhibent, sous la hotte et sur les étagères.

Rutilante
Cette ancienne bouilloire en cuivre prend place sur un fourneau datant du XIXe siècle, muni de surfaces chauffantes.

Le potager
La grosse marmite en cuivre est parfaitement à sa place sur ce potager maçonné, recouvert de carreaux émaillés.

Cuivres étincelants et fourneaux

Au temps jadis, peu d'objets étaient accrochés aux murs, à l'exception des batteries de casseroles, en cuivre, dans les cuisines des châteaux. Les progrès culinaires, au fil des ans, passeront par l'évolution de ces ustensiles. Au XVIIe siècle, ils ne changent guère. On retrouve : chaudrons, marmites, poêles, bassinoires, en cuivre ou en laiton, fabriqués à Villedieu-les-Poêles, la «cité du Cuivre». Les poêliers du cru, d'où la ville tire son nom, étaient célèbres dès le XIIe siècle. Au XVIe siècle, Rabelais, l'auteur de *Gargantua*, en fit les artisans du poêlon destiné à la bouillie de son héros Pantagruel. La ville est surtout connue pour la fabrication des brocs, des «cannes à lait» étamées à l'intérieur, et de divers objets en cuivre. À la même époque, dans l'âtre de la cheminée, un repas complet cuisait dans un seul chaudron, qui fournissait l'eau chaude qui servirait plus tard au lavage. Un des plus anciens ustensiles de cuisson, le «potager», en pierre ou en maçonnerie, permettait de faire bouillir les légumes. Plus tard apparut le fourneau, fermé, en fonte, l'ancêtre de nos cuisinières. À la fin du XIXe siècle, la cuisinière, dotée de multiples surfaces chauffantes, rendit possible la cuisson simultanée des aliments, mais n'équipait encore que les demeures des gens aisés. Elle servait à cuire les mets comme à chauffer une partie de la demeure et à fournir de l'eau chaude en permanence. On trouve aujourd'hui encore de nombreux appareils de cuisson qui adoptent des lignes inspirées par les cuisinières émaillées à bois, à charbon ou à gaz, et qui fonctionnent au gaz ou à l'électricité.

Le buffet

Le charme désuet de la décoration est lié aux anciennes plaques publicitaires posées sur les murs et au buffet à corps superposés, du XVIIIe siècle, comprenant trois corps, quatre battants et un corps de tiroirs intermédiaire où l'on rangeait les couverts.

L'office

À l'origine, il s'ouvrait sur l'extérieur, disposait d'une bonne ventilation et était pavé de pierre, ce qui donnait un grand espace frais et aéré. «Un dressoir en chêne supportait toutes sortes d'ustensiles, des brocs, des assiettes, des écuelles, des forces pour les étains», écrit Gustave Flaubert. De nos jours, le cellier est toujours utile pour conserver au frais les aliments et le vin. Un grand réfrigérateur et le congélateur y sont parfaitement à leur place.

Au-dessus de l'évier prend place une étagère fonctionnelle où sont suspendus des accessoires de cuisine. Elle abrite différents tiroirs, des bocaux, des cafetières et des pichets anciens.

À portée de main

Dans les maisons du XVIIIe siècle, la préparation des repas s'ordonne autour de la cheminée monumentale, près de la crémaillée qui soutient la marmite. Y sont pendus grils, rostiers, poêles à frire et écumoires de cuivre. L'étage supérieur des vaisseliers accueille les plats et les assiettes de faïence ou d'étain. En Haute-Normandie, il existe des verriers qui sont de simples étagères. Dans le Bocage, on accroche les «moques» et les pichets au vaisselier, dont l'étage inférieur abrite les «guichons», c'est-à-dire les écuelles pour la soupe à la graisse. Mentionnons encore les bassinoires, les chaudrons, les poêles à bouillie en cuivre et les pichets d'étain, disséminés dans la cuisine. De nos jours, la cuisine comporte un ensemble de placards intégrés et des rangements ouverts. Une organisation parfaite des espaces de rangement demeure essentielle. Des étagères murales, à hauteur de regard, comblent avantageusement un espace non utilisé et permettent d'entreposer des objets et d'exposer des pièces décoratives, de la porcelaine, de la faïence ou du cuivre. Les dressoirs et les étagères, installés près du lave-vaisselle pour plus de commodité, reçoivent la vaisselle de tous les jours et restent accessibles, tout en ajoutant un plus au décor de la cuisine.

Le cœur de la maisc
La petite cuisine s'ouvre sur la salle à manger grâ
à son ogive qui établit une séparation entre les deu

Ouvertures en ogives

La beauté conférée par les ogives, ouvertes sur l'extérieur ou animant un mur, suffit à donner de l'intérêt à la pièce, en apportant un maximum de luminosité et de douceur. Il s'en dégage un sentiment de confort et un charme irrésistible. Aucun rideau ne vient déranger l'impact visuel des arrondis des ouvertures. L'harmonie des proportions, la pureté des lignes et la sobre esthétique de la décoration en font également une pièce à vivre, où l'on peut recevoir. Ces vastes espaces harmonieux se prêtent volontiers aux réunions familiales et aux devoirs des enfants, sous l'œil vigilant des parents. Moulures ou cheminées anciennes, plafonds voûtés, sols pavés sont autant d'éléments atypiques, séduisants dans ce style de décoration, tout en créant une harmonie d'ensemble, grâce à l'addition d'harmonies individuelles. Les murs, entièrement habillés de couleur, donnent de la hauteur à la pièce sans briser l'équilibre des formes. La simplicité, dans ce cas, est la clé de la réussite. Ces cuisines, uniques en leur genre, sont meublées d'une grande table de ferme formant le point central, entourée de bancs à dossier ou de chaises paillées, en bois naturel ou peintes. Les appareils ménagers sont parfaitement dissimulés dans les placards ou les armoires. Rien n'empêche d'introduire un accessoire contemporain, en guise de clin d'œil, tout en conservant l'unité du style.

Au moulin de la Plugère
Le verre, la coupe et la cruche, de style rustique, sont mis en scène, telle une nature morte.

Lieu de convivialité
Simplicité et sobriété sont de mise. La texture et la couleur du bois ciré rehaussent et réchauffent le décor.

Les colombages laissent passer la lumière et la vue, tout en préservant l'isolement de la pièce. Au-dessus du plan de travail, la crédence accueille tous les petits pots anciens.

Le blanc règne en maître
L'étagère ouverte est un excellent prétexte pour exhiber de la vaisselle et des superbes casseroles en cuivre.

Longs rayonnages
Judicieusement placés au-dessus de la porte, ils permettent d'entreposer les confitures confectionnées l'été.

Contemporaine
La continuité des matériaux, tels la pierre, l'ardoise et le bois, contribue à l'unité d'ensemble.

Cuisine ouverte

Dans les grandes demeures, la pièce réservée à la préparation des repas, ouverte, s'est fait peu à peu plus fonctionnelle, avec des pans entiers couverts de placards, une cuisinière et un fourneau. Cette pièce majeure de la maison était carrelée en pierre de taille ou en terre cuite. Une table en bois y prenait place, destinée à accueillir un grand nombre de convives. De nos jours, la cuisine ouverte libère l'espace et encourage la convivialité. Selon cette nouvelle perspective, la vue et la lumière circulent. L'originalité de certains styles ne doit pas jouer au détriment de l'aspect pratique. Souvent aménagée sur un coup de cœur, la cuisine s'équipe de meubles chinés çà et là, dans une version campagnarde, ou simplement détournés de leur fonction d'origine. Elle se veut pratique, fonctionnelle et chaleureuse. La douceur de l'atmosphère est renforcée par divers accessoires soigneusement sélectionnés : faïences et verres anciens, casseroles de cuivre ponctuent et animent les murs. Les appareils ménagers, intégrés, respectent l'harmonie et le caractère de la pièce. Même si le décor inclut des fours et des plaques de cuisson, la cuisinière à l'ancienne est la solution idéale. Le carrelage mural, au-dessus des surfaces de travail et de cuisson, reste la solution la plus pratique et la plus décorative.

Meubles détournés
Détournés de leur fonction première, ces meubles décorent sans complexe la cuisine de cette chaumière traditionnelle.

Le goût de la nature
En Normandie, l'importance du lait, de la crème et du beurre était telle qu'une pièce à part leur était réservée.

Dans cet environnement propice au calme et au repos, cette chambre lumineuse invite à se ressourcer. Installée sous la charpente, elle est décorée de meubles rustiques.

La chambre

Au XVe siècle, le confort fait son apparition surtout avec le mobilier dont la chambre se garnit de plus en plus. On y dresse une table pour souper près du feu, on y fait apporter une cuve pour prendre son bain. C'est la première pièce que l'on désire rendre confortable : on y trouve des tapis sur le sol et sur les murs, des rideaux de coton ou de lin autour du lit clos, des fleurs dans un vase… Quant au lit, jusque-là repoussé dans un angle de la pièce pour faire place aux meubles, il se déplace par commodité. Au XVIIe siècle, dans les maisons rurales normandes. Parents et enfants, maîtres et domestiques couchaient dans la même chambre, à l'abri des rideaux de leur lit. Au XVIIIe siècle, la chambre à coucher cesse d'être ouverte au tout-venant. Elle recueille les armoires et autres meubles de rangement. Son mobilier se fait plus modeste, puisque personne ne peut plus l'admirer… L'expression «chambre à coucher» s'impose alors véritablement. Au XIXe siècle, dans le pays de Caux, il y avait la chambre de la mariée ou «belle chambre». «À l'intérieur, les ferrures partout reluisaient, des tapisseries dans les chambres protégeaient du froid ; et les armoires regorgeaient de linge», souligne Gustave Flaubert. Dans les demeures bourgeoises, au rez-de-chaussée, se dressait la cheminée avec, de part et d'autre, deux portes, l'une commandant l'entrée de la chambre des parents et des enfants en bas âge, l'autre étant réservée à la famille ou aux amis de passage. À l'arrière se trouvait la chambre des servantes, plus exiguë.

Cette chambre confortable, aux tissus d'un blanc uni, exalte l'opulence des meubles de style et des objets raffinés, soigneusement répartis dans la pièce.

L'heure de la détente
Véritable pièce à vivre : l'on peut s'y reposer, jouer du piano ou lire en toute tranquillité.

Vieilles dentelles

Caen, Bayeux, Argentan et particulièrement Alençon étaient d'importants centres d'industrie dentellière. La Normandie était l'unique région de France qui réunissait les trois techniques de l'aiguille, des fuseaux et du filet. Les premières dentelles portaient le nom des localités où elles étaient confectionnées. La dentelle à l'aiguille, qui tire son origine de la broderie, est la plus ancienne. Dès 1660, la dentelle aux fuseaux ou «bloquets» se pratiquait en Haute-Normandie.
La production se divisait en deux catégories suivant le matériau employé : le fil ou la soie. Les dentelles de fil reproduisaient le plus souvent les dentelles flamandes, celles de soie, le chantilly et la blonde, particulièrement en vogue au siècle suivant. À Alençon, on travaillait au point coupé. Marthe Barbot, dame de La Perrière, une habile ouvrière, s'essaya à imiter le point de Venise sur une feuille de parchemin appelée Velin, qui portait le dessin, composé de fleurs, de feuillages et d'ornements, tracé avec des fils. Elle forma des ouvrières et, en 1665, plus de huit mille personnes travaillaient au point de Venise. La bonneterie florissait à Caen et à Rouen. Les célèbres métiers à tisser d'Alençon ont été fortement encouragés par Colbert, et Louis XIV ne voulait que du point d'Alençon à la cour.

Douillet et chaleureux
Au manoir de La Févrerie, à Barfleur, le haut plafond embelli de poutres peintes, le charmant tissu à carreaux et la belle armoire ornementée forment un décor traditionnel idéal.

Chambres d'antan

Au XVIIIe siècle, dans les chaumières et les maisons normandes, on dormait dans la salle. Dans les maisons rurales, les chambres se trouvaient au premier étage. La salle était en terre battue, le pavage étant réservé aux chambres. Dans l'Eure, en fonction de la richesse du propriétaire, les chambres étaient situées au rez-de-chaussée ou dans les étages. Dans le pays d'Auge, salle et «belle chambre» communiquaient. Parfois, une seconde chambre succédait à la première ou prenait place de l'autre côté de la salle. Dans le Cotentin, les vastes maisons paysannes comprenaient invariablement, au rez-de-chaussée, une cuisine et une chambre. À l'étage s'alignaient une ou deux chambres. La ferme du cultivateur plus aisé comprenait deux chambres prolongeant les pièces de réception du rez-de-chaussée. Un escalier permettait de gagner l'étage des chambres réservées en priorité aux maîtres de maison et à leurs hôtes – parfois aux servantes. Dans le Bessin, les fermiers possédaient couramment une demeure à trois niveaux : le rez-de-chaussée, le premier étage de chambres et des combles aménagés en grenier. Dans la plaine de Caen, la maison était équipée d'un étage avec des chambres, au nombre de trois, au minimum.

La petite chambre, toute simple, aux murs à colombages, séduit par son charme. La lampe apporte une note contemporaine à l'ensemble.

Douces taies d'oreiller
La nuit sera douce. La broderie et la dentelle sont utilisées pour mettre en valeur les parures de lit.

Colombages verticaux
Le premier étage de cette ferme normande typique laisse entrevoir l'enfilade des pièces, dont les murs sont ornés de colombages verticaux.

Les charpentes

Il existe deux types de charpentes : la charpente à chevrons, réservée à l'architecture de pierre, et la charpente à pannes, destinée aux constructions à pans de bois. Les charpentiers utilisaient des bois – essentiellement du chêne – juste équarris, parfois des pièces courbes pour les arbalétriers. Les diverses pièces étaient assemblées à tenon et mortaise, et chevillées. Selon la coutume, au moment de l'assemblage de la charpente, le propriétaire était convié à enfoncer la première cheville et à poser au faîte du toit une croix enrubannée. Dès le XVIe siècle, en particulier dans le pays de Bray et dans le pays d'Auge, on trouve des combles à surcroît qui permettaient d'utiliser le grenier. Mais ceux-ci n'ont connu un véritable développement que lorsqu'on est passé des ardoises aux tuiles plates, qui ont impliqué une modification de la charpente : les charpentiers surélevèrent les murs de façade, montèrent les entraits et mirent en place de nouvelles sablières par-dessus, ce qui libéra de grands volumes habitables sous la toiture.

Parure raffinée

Du linge de lit orné de dentelles et de broderies est toujours du plus bel effet. Le trumeau, devenu miroir, agrandit l'espace.

Cotonnade fleurie

Le lit de style, la porte de couleur pastel rechampie de blanc et les belles étoffes évoquent les décors d'autrefois.

Le lit, habillé de toile de Jouy, orné au revers de drap à dentelle, devient le pôle d'attraction. La tenture soyeuse a pour fonction de protéger du froid et des vents coulis.

Lieu inspiré
Les fauteuils de style 1930, tapissés de tissus à rayures, et la tête de lit de la même époque contribuent à créer un décor fastueux.

Cotonnade et lin de Rouen

Au XIVe siècle, on filait et on tissait le coton du Levant à Dieppe – Lisieux et Vire étant les deuxièmes centres de lainage et Rouen la plus grande ville «drapante» de Normandie. En 1790, le Rouennais Delarue organisa véritablement les fabriques de cotonnade normandes. À Alençon, en 1800, ce sont Lenoir-Dufresne, un industriel cotonnier, et son collaborateur Richard (d'où Richard-Lenoir), qui furent les fondateurs de la filature mécanique. Dans les faubourgs, les maisons des tisserands se distinguaient par une «verrine», du verre glissé entre les colombages à la place du hourdis. Elles étaient équipées d'escaliers extérieurs menant à la pièce souvent unique. En contrebas s'ouvraient les portes d'accès aux chambres à tisser où les artisans travaillaient dans la pénombre et dans la fraîcheur d'une atmosphère de cave. À la campagne, on rouissait le lin. Puis l'étoupe gagnait les lineries avant d'aller aux filatures. Quelquefois, on tissait le lin à la ferme. La grande activité était le tissage du coton. Pendant l'hiver, les paysannes filaient et tissaient à domicile pour le compte d'entreprises de la vallée de la Seine ; peu à peu, les artisans se spécialisèrent, et des villages entiers se consacrèrent aux textiles. Dès la fin du XVIIIe siècle, la région de Rouen connut une importante révolution industrielle liée à la production du textile, qui devait marquer en profondeur l'économie et l'environnement. La Normandie ne tarda pas à prendre la première place, inondant le pays de ses siamoises, de ses fichus et de ses mouchoirs, bref, de ses «rouenneries».

Coin bureau
Ce coin bureau est dépouillé mais chaleureux grâce au bureau en bois et au large fauteuil club en cuir.

Au moulin de La Pleugère, le temps semble s'être arrêté. Meubles anciens et couvre-lit matelassé sont des éléments traditionnels, empruntés au passé.

Mise en scène
Nettoyage de printemps. On trouve encore aujourd'hui de nombreux accessoires rustiques qui soulignent le style de la chambre.

Mémoire du passé

Au XVIIIe siècle, dans les fermettes normandes, le mobilier – y compris le lit clos – entourait la vaste cheminée de la salle. Dans les maisons rurales qui avaient la chance de bénéficier d'une chambre, le grand meuble demeurait le lit, de chêne ou de noyer. Les lits étaient construits sur un modèle uniforme. Le type le plus courant était le lit demi-clos répandu à l'époque de Louis XVI. On accédait au châlit, surélevé, par un marchepied. Le bâti, construit en bois fruitier, très large, recevait toute l'ornementation. Deux ouvertures s'obturaient à l'aide de rideaux. On utilisait souvent des coffres pour ranger le linge et les vêtements. Plus tard viendront la bonnetière et l'armoire. Le coffre a longtemps été l'élément essentiel de la chambre. Il contenait le linge mais aussi les bijoux. Lorsqu'une jeune fille était dotée d'un riche trousseau, on disait : «Elle a une belle coffrée.» Dans le pays de Caux, il arrivait que le meuble, en chêne, fût façonné sur place. La bonnetière, qui servait à ranger les coiffes volumineuses, apparaît vers la fin du règne de Louis XV dans les intérieurs bourgeois. C'est dans le pays de Caux qu'elle connaît le plus de succès. Il en existe différentes sortes : la bonnetière de type chiffonnier pour les coiffes particulièrement hautes ; à un seul corps et très étroite, munie d'un tiroir à la base ; à deux corps combinés, meuble qui empruntait à la fois à la commode et au buffet.

Feutré

L'habillage de la fenêtre change radicalement l'atmosphère de la chambre. Une embrasse judicieusement choisie donne de l'élégance.

Sous les combles

Cette chambre est décorée de couleurs chaudes qui l'animent et lui donnent du caractère.

L'association du bordeaux, du violet et de l'orangé est souvent réservée au décor contemporain, mais ce mélange de couleurs peut être adapté à toutes les demeures.

Coup de chapeau aux lucarnes

À l'origine, les lucarnes étaient des ouvertures pratiquées dans la toiture et destinées à l'éclairage, à l'aération ou à l'accès aux greniers, afin d'y entreposer le fourrage ou le foin et diverses denrées. Au fur et à mesure, les combles ont perdu leur fonction de réserve pour être transformés en lieux d'habitation : chambres mansardées, salles de bains. Les lucarnes sont alors devenues indispensables pour laisser pénétrer le jour et la lumière. Chaque département avait son style de lucarne : dans le Cotentin, elle était étroite ; dans la Manche, elle arborait une forme triangulaire ; dans le bocage virois et le Bessin, elle était surmontée d'un fronton triangulaire et, dans la plaine de Caen, on préférait les lucarnes à fronton à linteau courbe.

Idée de charme
La douceur des tons de bois naturels rehausse le caractère chaleureux et original de la chambre.

Trésor d'autrefois
Ce décor romantique sied parfaitement à une petite fille modèle, quel que soit son âge. Tous les jouets font partie du domaine de l'enfance.

Nid douillet

Jusqu'au XIXe siècle, un coin était imparti à l'enfant : une petite couchette, un berceau, un panier d'osier, une chaise haute… La présence des petits dans la maison familiale n'était pas régulière. Les enfants en bas âge, pour la plupart, étaient envoyés en nourrice, ou, à l'âge scolaire, en pension. Dès que leurs moyens le permettaient, les familles engageaient des nourrices à domicile. En 1870 apparaissent les premières chambres d'enfants. Dans les milieux ruraux, on installait plusieurs lits dans la pièce principale, au rez-de-chaussée et, les soirs d'hiver, une bonne flambée réchauffait tout le monde. L'enfant n'occupait véritablement sa chambre qu'après sa communion solennelle.
Aujourd'hui, le décor évolue en même temps que l'occupant. En outre, sa fonction se modifie : d'un simple espace de jeu et de repos, elle devient une pièce où l'on travaille et reçoit ses amis. Dans les maisons normandes, les combles sont bien étudiés pour aménager une grande chambre d'enfant. Les soupentes ne posent plus de problème de hauteur. Les rangements s'adaptent aux petits, et le lit comme le bureau se glissent facilement sous la pente du toit. Les entraits peuvent être mis à profit pour créer des lits superposés, nichés sous la charpente.
Côté rangements, on exploite les soupentes : coin livre, coin jouets, coin vêtements.
Les adolescents préfèrent le style studio, surtout si la hauteur autorise l'implantation d'une mezzanine.

Ludique
Cette petite chambre lovée sous les combles appartient à une fée. Son décor simple et charmant stimule l'imagination. La pente du toit, munie d'un Velux, laisse entrer la lumière.

BABAR

Au moulin de La Pleugère, la salle de bains est installée sous les combles où règne une harmonieuse sobriété. Les meubles et les sanitaires ont un cachet délibérément passéiste.

La salle de bains

Dans les demeures de Normandie, les salles d'eau, souvent spacieuses, échappent à un agencement traditionnel et deviennent un véritable espace de vie. Au Moyen Âge, les baignoires consistaient en de grandes cuves de bois recouvertes d'un drap pour protéger des échardes. Un escabeau permettait d'y accéder. Un dais tendu au-dessus des baigneurs retenait la chaleur. Des planches posées à cheval sur la cuve permettaient de prendre une collation ou une boisson chaude. Au XVe siècle, les maisons les plus aisées possédaient des bains, la plupart situés dans la chambre. C'est au XVIIIe siècle que la présence du cabinet de toilette et de bain est signalée. Le cabinet, sorte de débarras, devient un espace réservé aux ablutions. La salle de bains reste une exception, même pour les milieux les plus favorisés. Jusqu'au début du XXe siècle, c'est encore dans la chambre, près du lit, que sera installée la table de toilette associée au tub, le tout caché par un paravent. Les premières salles de bains ressemblent à des boudoirs décorés de volants et de rubans. Certains cabinets de toilette ont des murs revêtus de faïences bleues, roses ou vert d'eau. Mais, en général, on préfère les tentures. Après 1910, la salle de bains se fait plus dépouillée pour devenir la pièce carrelée telle que nous la connaissons. La salle de bains d'aujourd'hui n'est plus seulement synonyme d'hygiène et de propreté, mais aussi de détente et de bien-être.

La tapisserie à fleurs – tout comme les rideaux, les meubles, les sanitaires en bois et les gravures d'époque – crée une atmosphère de boudoir un peu surannée. On peut remarquer les WC en fauteuil Louis XIII !

Matière naturelle
Les meubles et les accessoires, dans des tons de brun et de beige, apportent une note chaleureuse dans la décoration.

Confort avant tout

Pour valoriser une salle de bains un peu froide, rien de tel qu'une peinture personnalisée. La patine à l'ancienne, aux pigments naturels, a l'avantage de personnaliser la salle d'eau, tout en douceur.
L'enduit à la chaux teintée peut être peint au chiffon, puis lustré à la cire.
La peinture brillante a l'avantage de renvoyer la lumière et confère de l'éclat aux couleurs. La finition satinée, ni mate ni brillante, est très facile à entretenir. L'aspect mat adoucit les couleurs et leur donne de la profondeur, tout en s'adaptant aux aplats dont il accentue l'effet. Son aspect feutré masque les petites imperfections.
Un badigeon, ou glacis, est une peinture diluée. Cette technique permet d'utiliser des tons assez soutenus sans craindre d'assombrir la pièce et offre toujours des résultats transparents, aériens et très raffinés. Comble du confort : le plancher chauffant. Il s'adapte très bien dans une salle de bains, surtout dans une région aussi humide que la Normandie.

Antiquité d'aujourd'h
Il suffit de peu de choses pour personnaliser une salle de bai
Un miroir ancien, un lavabo d'époque et quelques objets chin

À l'ancienne

De nos jours, dans les salles de bains, en matière de décoration, des meubles détournés de leur fonction première côtoient des tapis anciens et des fauteuils à la tapisserie vieillotte. Les objets sont dépareillés. Les matériaux sont bruts ou laissés en l'état, leurs défauts mêmes étant mis en valeur. Ne sont exploités que des matériaux naturels comme le bois, la pierre ou l'ardoise. La toile de Jouy tendue sur les murs ou reproduite sur du papier peint apporte délicatesse et douceur à la décoration, car ses motifs sont toujours élégants et de bon goût. Elle habille la salle d'eau richement, mais sans excès. Une chaise ancienne, tapissée de la même couleur dominante, renforce l'impression de confort. La baignoire, de style 1900, en fonte émaillée, peut être placée sur une estrade, qui l'isole du reste de la pièce et permet de dissimuler les tuyauteries. Elle peut également être habillée d'un baldaquin à quatre rideaux, à carreaux, unis ou à fleurs. Un meuble de métier peut avoir une nouvelle vie si l'on y encastre une ou deux vasques, tout en offrant un grand plan de toilette. Les nombreux tiroirs servent aux différents rangements. Surmonté d'un grand miroir ancien et de robinetteries dorées, ce meuble confère à la salle de bains un charme indéniable.

Dans cette salle de bains familiale au château de Saint Paterne, la décoration est d'une harmonieuse sobriété.

NIGER

En camaïeu
Le carrelage mural, en camaïeu de bleus, apporte une note dynamique à cette petite salle de bains.

Harmonie de bleus
L'ancien carrelage en ciment, aux tons bleus, est en parfaite symbiose avec le meuble vasque et le miroir.

Le carrelage blanc, percé de hublots et décoré de photophores «squelettes de poisson», évoque le monde marin. Le meuble vasque et la cloison peints en bleu y contribuent.

Vitraux d'antan

Ces vitraux décorant une porte de salle d'eau ont été dénichés chez un antiquaire de Rouen. Tout comme ceux de la fenêtre, à l'arrière.

De style

Un aménagement souligné par un lavabo et des objets anciens chinés chez les antiquaires. Des rideaux en lin abritent la baignoire.

Classique chic

Vedette incontestable de la salle de bains, le lavabo de style 1930, muni d'une robinetterie du même style, s'implante sans complexe.

Les tissus habillant le fauteuil et le coussin apportent de la douceur à cette salle de bains séduisante. Les étagères sont garnies de cache-étagères en dentelle d'Alençon.

Nostalgie

Dans l'ancien temps, la cuvette et son broc posés sur une tablette étaient utilisés par le plus grand nombre. Cette structure se fit peu à peu plus élaborée. Un réservoir remplaça le broc. La tendance consistait à fixer la cuvette à son support, d'abord par un système de bascule permettant de vider l'eau, puis la cuvette fut percée d'un trou, fermée par une soupape qui se soulevait et s'abaissait à volonté. En dessous, un grand seau de porcelaine recueillait l'eau. Une fois l'eau devenue courante, la cuvette s'encastra définitivement dans le meuble relié aux tuyauteries ou se libéra du meuble pour devenir, dans les années 1880, le lavabo fixe, surmonté des deux robinets pour l'eau chaude et l'eau froide.

Instant de vie

Cette jolie desserte de salle d'eau reçoit des objets anciens, qui sont pour la plupart des souvenirs de famille.

Empreint de féminité
Le papier à fleurs confère un brin de romantisme à cette salle d'eau.

Bicolore
La baignoire en fonte, aux pieds en griffes de pattes de lion, peinte d'un lumineux lie-de-vin, s'accorde à merveille avec le carrelage du sol.

Accord parfait entre des carreaux, posés sur le plan de la vasque et remontant sur le miroir, et la mosaïque émaillée, habillant le podium de la baignoire.

Carnet d'adresses

Décorateurs

Muriel Dana
5, rue Hoche
14 801 Deauville
Tel. 02 31 87 21 05
(Pages 46, 74 à droite, 76 à gauche, 77, 79, 93 à gauche, 98, 104 à droite, 113, 123 à droite)

Château du Breuil
Guy Thodoroff
Crans-Montana, Suisse

Brocante, Antiquités

Bois l'Epicier
Route de Rambouillet
78 550 Maulette
Tel. 01.30.59.70.62

La Madeleine
4, avenue Jean Mermoz
14 390 Cabourg
Tel. 02.31.91.65.20

Jardins, Paysagistes, Fleuristes

Besneux Daniel
Carrefour des 5 chemins
14160 Grangues
Tel. 02 31 28 76 92

Les Jardins de Claude Monet
84, rue Claude Monet
27 620 Giverny
Tel. 02 32 51 28 21
(Page 18)

Les Jardins du Pays D'auge
14 340 Cambremer
Tel. 02 31 63 01 81
(Pages 16, 22, 23 en haut à gauche, 23 à droite)

Jean-Claude Heyrault
8, place Pierre Berthelot
14 600 Honfleur

Poterie

Poterie du Mesnil de Bavent
14 860 Bavent
Tél. 02 31 84 82 41
(Pages 26, 27 en haut, 28, 29, 30, 31 au milieu et en bas, 33 à droite, 38 en bas à gauche, 73 en haut et en bas, 87 en haut et en bas)

Maisons d'hôtes, hôtels et restaurants

Manoir de la Févrerie
4, route d'Arville
50 760 Sainte Geneviève
Tél. 02 33 54 33 53
(Pages 10 à gauche, 63, 81 en haut, 100)

Château Les Bruyères
Route du Cadran
14 340 Cambremer
Tel. 02 31 32 22 45
(Pages 16/17, 21, 22, 23, 42 à droite en bas, 65 en haut)

Manoir de Sens
Haras de Sens
14 430 Beuvron en Auges
Tel. 02 31 79 23 05
(Pages 27 en bas, 31 en haut, 59, 62 à droite, 66 à gauche, 82, 124 à droite)

Château de la Grande Noë
61 290 Moulicent
Tel. 02 33 73 63 30
(Pages 11, 13, 39, 72, 86, 122 à gauche)

Maison d'Hôtes Les Florimanes
850 rue G. de Kerville
76 360 Villers Ecalles
Tel. 02 35 91 98 59
(Pages 37, 55, 68/69, 79)

Le Moulin de la Pleugère
61 380 Soligny la Trappe
Tel. 02 33 34 33 36
(Pages 56 à droite et à gauche, à droite, 108, 114/115)

Relais Douce France
13, rue du Docteur Girard
76 890 Veules les Roses
Tel. 02 35 57 85 30

Auberge du Val au Cesne
76190 Croix-Mare
Tel. 02 35 56 63 06
(Pages 40, 71)

Le Cotil, Madame Melki Dauré
14 140 Le Mesnil Simon
Tel. 02 31 31 47 86
(Pages 8, 44, 51, 65 en bas, 68 en bas à gauche, 75 en haut, 92, 96, 102)

Hôtel des Loges
18, rue Brûlée
14 600 Honfleur
Tel. 02.31.89.38.26

Maison de Lucie
44, rue des Capucins
14 600 Honfleur
Tel. 02.31.14.40.40
(Pages 45, 54, 60 à gauche, 60 en haut à droite, 107, 110 à gauche et à droite, 120 à droite, 121 en bas)

Maison de Sophie
Lieu Goguet
14 950 La Thillaye
Tel. 02.31.65.69.97
(Pages 53, 120 en haut, 121 à gauche, 124 à gauche)

Maison d'hôtes
Liliane et Antoine Giaglis
74, rue du Puits
14 600 Honfleur
Tel. 02.31.89.42.40
(Pages 95 en bas, 102 à droite)

Les Mille feuilles à la Campagne
Pierre Brinon
Domaine de la Petite Lande
14 Cerqueux
Tel. 02 31 63 89 77
(Pages 34/35,36 enhaut et en bas à droite, 57, 61 en haut, 64, 66 à droite, 70 à gauche, 76 à droite, 94, 111 à droite, 122 à droite)

Le Courtillage
Annick Hervieu
14 320 Clinchamps sur Orne
Tel. 02 31 23 87 63
(Pages 67, 84 en haut, 88 à gauche, 89, 95 à gauche, 105, 109, 110 à droite, 119)

Château de Saint Paterne
Charles-Henri et Ségolène de Valbray
72610 Saint Paterne
Tel. 02 33 27 54 71
(Pages 78, 104 à gauche, 106 à gauche, 118, 123 en bas)

Le Manoir de l'Engagiste
14, rue Geole
14 290 Orbec en Auges
Tel. 02 31 32 57 22
(Page 36 à gauche)

Maison d'hôtes de charme
Gite de France
Commune de Bisières
14 370 Bissières
Tel. 02 31 23 96 36

La Réserve
27620 Giverny
Tel. 02 30 21 99 09
(Pages 15, 84 en bas à droite, 93 à droite, 111 en bas à droite, 117)

Artistes peintres

Youri Kuperman
Mont Chatou
27 560 La Poterie Mathieu
Tel. 02 32 57 94 69
(Pages 85, 90 à gauche, 91)

Caroline Testemale
5, chemin du Colombier
14 610 Colomby sur Thaon
Tel. 02 31 73 66 63

Vitraux

Martial Mayel
27, rue du Puits
14600 Honfleur
Tel. 02.31.89.05.06

Remerciements

Philippe Saharoff et Christine Besson remercient
tous les propriétaires qui ont eu la gentillesse de
les recevoir et ont ainsi permis la réalisation de ce livre.

Ouvrage réalisé avec la collaboration de Carole Hardoüin

Maquette
Jour de fête, graphiste : Sophie Afchain
Photogravure : IGS

Achevé d'imprimer en Italie
par Rotolito